Aglaia bran cake

米仔麩糕

Wu Jui Pao

吳睿保

In Taiwan

作者簡介

吳睿保

（筆名：吳明博、穀禾田、穀莊稼、穀恬憫）

我們人的生命是很奇妙的，有些事情不是您想的就可以，往往有些時候，我們會感到彷徨無助，有些時候呢！又會有些許的得意，就在彷徨與得意的同時，我們可能會看到什麼，那是生命的過程，一個階段，一個階段，每個階段都會有不同的體悟，這就是人生。

作者童年的時候，心中老是有些想法，而這些想法會一剎那，一剎那的閃過，很難捉取，那時候我就想，如果可以把它寫下來多好，直到少年、青年，步入中年，到快要老年的時候，那些想寫的影像，像排山倒海一樣地浮現，而我只是提筆記錄而已，就這樣，一系列，一系列《法拍屋風暴》、《屏東的小湯姆》、《共生農業》、《歡喜法音流》等，竟然就創作出來了，希望您們喜歡。

另外，穀莊稼的共生農業森林農園，有十幾年的耕作經驗，可以輔導您種出好菜，只要您家有空地，或頂樓有全日照的地方，想自己種菜來吃，穀莊稼先生可以幫您規畫，種出好菜來讓您食用。

若對共生農業森林耕種有興趣者，請上電子書店，閱讀《共生農業森林種植》免費圖文書。

有意者，請寄電子郵件：8695480@gmail.com　與穀莊稼先生洽談

穀禾田半農作家工作室的書系，有：
《屏東的小湯姆》親子讀本七套，三十冊

《共生農業開講》、《歡喜法音流》陸續書寫中
《法拍屋風暴》醒世小說六本，曾出版過紙本書。

序

2013 年 6 月至 8 月期間於本校辦理之「農企經營及精緻農業班」講授有機農業相關課程時認識穀禾田先生，瞭解穀先生極為重視現今農業大量施用農藥等化學藥劑對環境、生態及健康安全造成負面效果的影響，因而他自己開墾管理一個自然生態農場，產品優質安全，可謂利己利人。

穀先生也擅長於寫作，其大作「屏東的小湯姆」，內容豐富、筆法率直生動，讓人回憶兒時農家生活的點點滴滴，值得閱讀。經穀先生之邀請，時值該書付梓特為之序。

王鐘和

於中華民國 102 年 8 月 30 日
國立屏東科技大學
農園生產系教授兼系主任
台灣有機農業促進協會副理事長

米仔麩糕

屏東的小湯姆四

目次

米仔麩糕

阿兵哥

「老師早！」

「老師好！」

「各位同學！今天老師帶你們到操場的樹下上課，教室要借給阿兵哥，他們在這裡演習一、兩天。」

「老師！老師！為什麼阿兵哥常常來我們學校演習呢？」

米仔麩糕

　　湯姆他們放學回家，在路上常常看到阿兵哥，排得長長的隊伍，一路行軍在馬路兩邊。

　　看他們托槍帶砲的，每個人走得像老牛拖車一樣，彎腰駝背，垂著頭，東晃西拽的，一個接一個，走到黃昏，黑天暗地的一大群阿兵哥，就在湯姆他們現在上課的地方打地鋪，有些在教室裡做簡報。

　　每次阿兵哥來學校，他們都很興奮，可以看到好多好多穿綠色衣服，帶鐵帽鋼盔的人，身上背一包東西，有些身上還會纏滿了樹枝葉，臉上塗得黑黑的，只露出兩顆大眼睛，頭上的鋼盔插滿樹枝葉子，看起來好像夜裡的綠色精怪一般。

　　「小朋友你們看！這些阿兵哥在操演行軍，他們很辛苦地在保衛我們的國家，將來你們長大，也都要去當兵服役，現在要好好地上課，把學業成績學好，以後就能夠為人民做出更好的貢獻。知道嗎？」

　　「知道了！謝謝老師！」

　　「老師！老師！為什麼每位阿兵哥看到您都那麼興奮，連我們坐在樹下上課，他們一大隊的阿兵哥也要靠過來，聽老師上課呢？」

　　「而且還坐得比我們整齊。」

　　全班同學不約而同轉頭看阿兵哥們一眼。

　　他們深怕打擾到老師上課的用心，但班上的同學故意丟石頭到他們隊上，那些阿兵哥也都不敢抬頭張望，只有那幾位帶隊的幹部，表現得一副很了不起的樣子，偶爾聽到他們訓話的聲音，太過嘈雜，老師無意識地抬頭望向他們，才不好意思地壓低嗓門，然後看看老師的反應呢！

「小朋友！剛開學的時候，老師幫你們取的英文名字，還喜不喜歡呢？」

「老師！老師！我爸爸說這種鄉下地方，有這麼現代的老師，那真是繁華國小有福氣。幾千年來，農耕設備還停留在牛犁田，手握鐮刀，收割稻米的情況下，我們彷彿活在清朝時代，或更古老的社會。西方文明他們的船堅砲利，敲醒了中國封建思想，我們村子裡有這樣一位先進的老師，實在很不容易。」

「山姆！你爸爸在哪裡服務呢？怎麼會講出這種話？」

「老師！老師！山姆的爸爸和您一樣在教書，只不過他爸爸在很遠很遠的高雄教書，很久很久才回家一次。」

「寒暑假他爸爸才會回來。」

「每次去山姆他家，遇到他爸爸會跟我們講許多故事呢！」

「他爸爸很好哦！」

「一面講故事給我們聽，一面拿香蕉、木瓜、西瓜，

米仔麩糕

請我們吃呢！」

「哦！原來山姆的爸爸這麼好，你們才會幫他講好話，那老師沒東西請你們，放學回去，會不會在老師背後說壞話呢？」

「每次看到老師騎腳踏車放學回家，被同學的爸媽遇上，都會停留，下來聊天，我們看得出來，每位同學的爸媽都很喜歡老師呢！」

「真的嗎？老師怎麼不知道？你們是怎麼看出來的，要不要說來聽聽？」

「吉姆！你講！你講！」

「不要啦！」

「安琪！妳講啦！」

不好意思！

肯尼想站起來講，垂著頭，又坐在地上了。

「湯尼！你講好了！」

「不要！叫湯姆起來講好了。」

班上同學望著湯姆，站起來說。

「老師！老師！我媽很喜歡您！她說把小孩子交給您，她很放心，每次下田，她總是叨念著：錦花真有福氣！生養著這麼一位會念書的女兒，又孝順，又溫柔。

有一次，我們放學回家，老師牽著腳踏車，和我們一起散步回家，被魯比的媽媽喊住，話匣子一開，講個不停，講到他爸爸很火了，在他們廚房吼叫著，探出頭來，看到老師和他媽媽站在馬路邊談話，才不好意思縮著頭回去。」

魯比說：「要不是媽媽和老師講話，那天保證雞犬不寧，媽媽又要和爸爸吵架了，爸爸只看到老師就乖乖地，安靜地等待媽媽和老師聊完天，再來找媽媽回去煮飯燒菜。」

「還有學校的老師來教我們社會科的那位糟老頭兒，每次經過我們三年丁班的教室，頭都伸得特別長，一直偷看我們教室呢！」

全班笑！

「湯姆！你這麼會觀察，將來一定可以寫小說，說故事給小朋友聽。」

「老師！老師！我們二年級的時候，那位老師很喜歡說故事給我們聽呢！不過她講的故事，和老師不一樣，她都講日本的桃太郎，還有中國古代那些姜子牙、伍子胥、秦始皇、劉邦、項羽之類的人物。我們跟阿玉老師反應，這些故事，我們看布袋戲，還有歌仔戲就知道了。」

同班同學爆笑！

「老師！老師！我們很喜歡您上課講些西方的故事，像凱撒大帝、羅馬帝國及希臘、西域、波斯帝國，還有美國湯姆歷險記、伊索寓言、愛麗絲夢遊奇境、阿

米仔麩糕

拉神燈、彼得潘、魯賓遜飄流記。」

「我們同學的英文名字取得可愛，又吸引人，很多隔壁班的，也想來取呢！」

彼得的弟弟是第一個跑來吵著要取英文名字的，叫麥可。

「老師！老師！我爸爸說取英文名字好叫多了，聽起來好像也變聰明了呢！」

全班笑翻天。

隔壁的阿兵哥莫名其妙地轉頭過來看著他們。

「老師！坐在地上，屁股會痛。」

「可以站起來活動活動嗎？」

「可以啊！全班起立，不要走散。小聲講話，不要吵到別班的，在我們上課的附近活動活動，下節課老師帶你們去郊遊。」

「哇！好棒哦！」

「老師！老師！您看！他們男生在那裡丟石頭。」

一啵、二啵、三啵，啪啪啪！

哇！在水上跳了七、八、九下。

「馬克！你丟的跳幾下？」

「我沒算吔！」

「萊德丟的好遠哦！」

「好厲害！跳了十幾下。」

「小朋友！小心哦！不能走到水池邊，小心掉到水中。」

珍妮、蘇珊娜、琳達、艾莉絲、安琪圍在老師身邊，問東問西，班上的女生對老師在台北念大學的故事，充滿好奇。

潔西卡、海倫尖聲地，大叫一聲。

「蛇！蛇！」

「在草叢裡？」

「不是啦！那是一條草繩。」

「現在快進入初冬了，天氣轉涼了，怎麼會有蛇呢？」

老師也嚇一跳。

男孩子在前後跑來跑去的。

池塘邊，有個大草坪，找個有石頭堆的地方坐下來。

「今天不要走太遠。」

「老師！老師！我們家的番石榴園，就在附近，我去摘一些來吃，好不好？」

「不行！不行！你爸媽很辛苦地栽種，我們同學這麼多人，回來！」

保羅、安東尼最後還是偷偷地跑去摘。

史考特、丹尼斯問老師：「以前我小時候，全村都在討論老師考上大學，有一天早上，鞭炮聲放得震天價

米仔麩糕

響，我爸媽說那是村子裡那位錦花的女兒考上台北的大學，很不容易吔！」

這是全村唯一考上台北公立學校的一位。

「我還記得那天，我還沒起床，天黑黑的，就被一大串的鞭炮聲吵醒，睡醒之後，問媽媽是不是有人又要去當兵了，才知道是老師要去台北念書。」

「老師！台北離我們很遠嗎？」

魯比跑過來，擠在同學當中，差一點碰到老師。

湯尼也想站近一點，聽老師講話。

大家擠成一堆，前前後後簇擁著。

「老師！老師！」

老師長得很秀氣，轉身抬頭看看他們，對周圍的男生、女生摸摸頭，微微地笑一笑，用很溫柔，很憐惜的眼光看著他們，好像有很多知識，想要一下子統統教給他們似的。

他們最喜歡聽老師說歷史故事，尤其是西方歷史人物，像拿破崙、俾斯麥，還有她看的書—黑奴籲天錄，裡面講到非洲許多國家的黑人，白天或晚上，在家裡或田野工作時，被歐洲人擄掠，捉去關在大船裡，統一載到美洲大陸去當奴隸。

他們一面聽老師講故事，一面想像著原住民晚上會不會出草來捉走他們，還有老師上課講的日本在明朝的時候，也會侵擾中國沿岸的居民，有時候下課走路回家，冬天暗的比較快，會想像著，後面好像有人要捉他們一樣，大家會不約而同地呼喊，然後一面跑，一面叫地跑回家，對老師跟他們講的黑人被捉去當奴隸的故事，久久無法忘懷。

老師的書很多很多，她常常說鄉下這裡太貧窮了，沒有圖書館。如果有一座圖書館，裡面藏書豐富，每位同學可以盡情地瀏覽，讀遍古今中外藏書。這樣子，小朋友要變聰明，就容易了。

有書可以讀，可以增加人的視野，每一本書的知識，記述著當代的知識，和作者的遊歷，像卓別林這位英國的喜劇大師，沒有他踏上郵輪坐到美國去闖蕩的話，也不會產生這麼一位了不起的電影喜劇諧星，還有歌德、海明威，中國的三國演義、水滸傳，這些書中的人物，小朋友有機會要多看，多讀，每一本名偉人傳記能夠多看的話，眼光視野自然會開闊豁達，胸襟也會放大。

每天去上課，湯姆他們都很期待老師又會講很多很多新奇新鮮的故事，課本上沒有的故事或知識給他們聽。

爆米香

　　嘭！爆米香。

　　「湯姆！媽媽叫你去拿廚房的米，還有花生、糖去爆米香，另外有一袋要做米麩。」

　　「喔！」

　　湯姆高興地從外面跑進來，直奔廚房，拿了兩袋沈沈的東西去排隊。

「老板！老板！我排第幾個？」

「放在地上排好！」

「哇！好長哦！這麼多人。」

「湯姆！湯姆！」

「哦！大彼得！你也來了。」

「我們把東西放著，等爆米香弄好，再回來拿，我弟弟和東川、順和他們一票人在芒果樹下玩玻璃珠子，我們一起去。」

「好呀！」

手掌捉一大把的玻璃珠子，蹲下來，劃一條長線，把玻璃珠子往長線方向丟出去，散開來。

麥可蹲在離長線兩大步的地方，手上拿一粒幸運之星，瞄準前面擴散一地的珠子，蹲的姿勢不斷變化，深怕瞄不準，丟不到一粒就死了。

前後擺動像公雞頭，垂直往下啄蟲子一般，兩腳不時移動，擺出最好的姿勢，丟出二電（兩粒相撞），全贏了。

哇！太興奮了，這一次可不得了。

十五、六個人玩贏一次，褲子兩邊的口袋裝得滿滿的。

「麥可！真有你的。第一次就能贏那麼多，難怪姿勢擺那麼久。」

「對啊！我們這麼多人玩，萬一沒丟到的話，再輪

米仔麩糕

到我的機會就沒了，丟到一粒珠子和沒丟到一樣，等於判出局了，所以得仔細瞄準一次，丟出個兩粒相撞變成二電，一次完成贏局。」

「這次玩十粒的，好嗎？」

「十六個人一次丟出一百六十粒，手掌沒辦法撐那麼多。」

「那我們換另一種玩法，把一百六十粒集中在口字型裡，看誰丟出其中一粒的玻璃珠子王，就贏了。」

「好啊！用抽籤的，還是猜拳抽籤的好？」

「拿十六根稻草來，其中有一節中間有骨節的，抽到的人先來。」

「文章先！」

站在十步遠的地方丟出，沒半粒，出局。

「東和！換你。」

丟出一粒，不是珠王，可以繼續丟，現在距離比較近，可以用蹲的，或半蹲，瞄準口字型裡面的珠子王。叩！散開來了，珠子王跑出來了，可是東和的玻璃珠跑遠了，要瞄準不是那麼容易。

現在每個人都小心的希望輪到自己時，可以一次站在十步遠的地方，一次丟出珠子王，就可以贏得全部的珠子，照第一位順序排下來，沒有人丟到。

最後一位換湯姆，大家平心靜氣，緊張得希望湯姆不要丟到，可以再輪到自己。

　　日頭已漸漸昏暗，靠路燈的光線，照在芒果樹下，朦朦朧朧的。

　　湯姆站得直直地瞄，移動一下腳步，找個較好的姿勢，丟出。

　　叩！

　　「哇！狗屎運！一次就丟出珠子王了。」

　　「喂！爆米香好了。」

　　「是我的嗎？」

　　「是啊！小湯姆！你的爆米香及米麩好了。」

　　「謝謝！錢在這裡。」

　　先吃一塊米香。

　　好香哦！

　　「我要先回去了，改天再來玩。」

　　哇！口袋裝不下玻璃珠，裝在塑膠袋裡。

　　「哥哥不曉得會不會沒收我的玻璃珠？」

　　先藏在豬舍旁。

　　「媽媽！米仔麩要放哪裡？」

　　「爸爸已經熱好爐火，準備蒸米仔麩。」

　　甕底裝一次米仔麩，可以吃上一、兩個月。

　　每天放學第一個想到的，不是做功課，而是先到客廳裡的牆角下，甕子裡，挖一塊米仔麩糕來吃。

蚵蟲藥

　　每三、兩天想到灶腳那一大堆用不完的地瓜，湯姆就頭痛，腳踩地瓜簽很累，兩腳站在機器上面，像在半空中大踏步一樣，一上一下踏得越快，地瓜絲噴出的距離越遠。

　　機器上漏斗型的開口，地瓜一堆堆，被湯姆踩得很快，經過機器的碾切，就消化光了。

湯姆叫：「媽媽！媽媽！趕快再挑一畚箕來，不然我踩空踩。」

機器的聲音跑得越快，地瓜倒進來之後，被機器的切刀擋住，停頓了一下。湯姆兩腳繼續踩踏，站在上面，渾身使勁往下踩，力量集中在右腳，機器又開始轉動，地瓜絲就噴出來了。

上面的地瓜像被機器吸進去一樣，一堆的地瓜，一粒一粒經過碾盤，切成絲條狀，從機器下方的出口，噴出來，就變成地瓜絲，曬乾之後，就變成地瓜簽，可以存放一整年，也不會壞。豬可以吃，人也可以拿來煮粥。

湯姆玩這種踩踏機器，覺得很像在踏阿哥哥舞一樣，這是和媽媽一起工作，最愉快的享受。

但如果地瓜大豐收，堆滿整個屋子，連續踩整個月，湯姆受不了，半途就逃走，還是到灶腳烤他的地瓜吃，比較好玩。

有時候，踩得太用力，噴得滿臉都是，還好踩累了，跑到灶腳，隨時挖一挖要吃多少的地瓜都可以。

地瓜真好吃！

聽大姐，還有哥哥說，他們小時候，吃地瓜吃到怕了，看到地瓜就想吐，每餐都吃地瓜，沒有白米摻在裡面一起煮，餐餐吃地瓜，吃到肚子裡全是肥蟲，想到那時候，真是苦！

吃地瓜會長蟲？

米仔麩糕

　　湯姆還不知道，直到有一天，湯姆蹲在馬路邊大便，屁股癢癢的，低下頭去看，才發現一條長長的蟲在屁股的洞口，轉動著，嚇得湯姆褲子都來不及穿，趕快跑去找媽媽。

　　媽媽畢竟經驗老到的，叫他屁股抬高，兩腳張開，慢慢地把蛔蟲小心地拉出來，放在臉盆裡。

　　嚇一跳，這麼長！

　　「湯姆！不能再一直吃地瓜了，要不然就要買蛔蟲藥了哦！」

　　「大家來買蛔蟲藥，買一盒送氣球，買兩盒送糖果。來！來！蛔蟲藥，吃一次保證蛔蟲死光光，吃兩次，蛔蟲跑光光，一隻不剩。讓小孩肚子最健康。」

　　「賣蛔蟲藥，買兩盒多少錢？」

　　「一盒三塊，兩盒五塊，送牛奶糖一包。」

　　「湯姆！來！吃蛔蟲藥了。」

　　賣蛔蟲藥的，每次來都穿得像小丑服裝，眼睛還有鼻子，畫得很奇怪的模樣，臉塗得紅紅的，戴一頂尖尖的帽子，鼻子弄得紅通通的，又大又圓，身上背很多氣球，一面走，一面喊，喊：「蛔蟲哦！來哦！趕快來買滅蛔蟲藥哦！」

　　他每走一步，後面就跟著一大堆的小孩在後面追趕。

那畫面真可愛！

「湯姆！你肚子裡的蛔蟲捉完了嗎？」

不好意思地跑開了。

賣蛔蟲藥的，對每位小孩瞭若指掌，誰家的小孩吃了他的藥，瀉出多少條蛔蟲，他都一清二楚，有時候他會很誇張地拿著照片裡的蛔蟲，擺在夜市裡給大人看。

有些小朋友不相信肚子裡，真的有那麼大的一條蟲，那簡直像一條大蚯蚓一樣。

有些比大蚯蚓還要大幾倍，看了不僅讓孩子害怕，連大人也緊張地帶自家的小孩來檢查，看肚子裡有沒有蛔蟲。

小丑先生很厲害，他一看就知道哪位小孩的肚子，有沒有蛔蟲？大小隻他都可以斷定，只要吃了他的藥，保證幾天之內，可以瀉光光。

「洪老師的兒子吉姆肚子裡的蛔蟲瀉出來，有一大臉盆呢！」

「啊？」

「就是吉姆啦！」

「這張照片是吉姆的嗎？」

「不是啦！這是別人的，來！來！就是你！我保證你們兩位肚子裡一定有蛔蟲，趕快叫你們爸媽來買回去吃。」

米仔麩糕

　　兩位小朋友嚇得飛奔跑回去，拉他們的爸媽來買蛔蟲藥。

　　拉出來，真的好大一坨。

　　「這些都是吃地瓜，才會有蛔蟲嗎？」

　　賣蛔蟲藥的搔搔頭，講不出個所以然來，只是說地瓜，還有水溝的水質及衛生關係，都有可能啊！

　　「那我們家的人全部喝從田裡灌溉的水，弄到我們家的水井裡的水，都很乾淨，怎麼會長蛔蟲呢？」

　　「這我也不知道吔！來哦！來買滅蛔蟲藥哦！」

　　小朋友來問很多很多問題，問到賣蛔蟲藥的快無法招架，他只好拼命地叫賣蛔蟲藥。

　　「晚上還有康樂隊的在村子裡表演，你們去問他們比較清楚，他們賣的藥比較貴，懂得比較多，小朋友不要圍在這裡，我還要賣藥呢！」

出麻疹

「老師！老師！您看！湯姆全身包得緊緊的，只露出兩顆眼睛。」

「湯姆！你怎麼了？」

「老師！我出麻疹了。我媽說吃到長大，才出麻疹，全身出疹子，有些地方起泡泡呢！而且又怕風寒，風稍微吹一下，我就冷得受不了了。」

米仔麩糕

「那你要不要請假？等身體休養好了，再來上課。」

「我媽也考慮到，但她擔心才開學，從二年級升上小三，怕功課會落後跟不上，問我要不要請長假？我說不要！我要來上老師的課。」

「湯姆！你的意志力讓老師好感動哦！你先坐下來上課，下課的時候，不要到操場活動，盡量坐在教室裡。」

「知道了！謝謝老師！」

湯姆坐在走廊看同學活潑地，快樂地在操場教室到處跑，他昏昏沈沈地盡量拉著衣服遮住風，免得讓風從身體任何一個地方灌進空隙。衣服越穿越厚重，有時候穿得太厚，身體受不了會發汗，想要脫下來，和其他同學一樣蹦蹦跳跳地玩耍，才脫下外套，就感受到一股寒風刺骨，往身上侵襲，心裡想著，以為可以像以往一樣隨心所欲地和同學們蹦蹦跳跳地玩，身體此時又酸痛，又無力，只能無精打采地看著別人活潑亂跳地，又叫又喊。

剛生病的時候，同學還不會害怕和湯姆一起聊天，但是生病的情況越發嚴重，有些同學說湯姆可能會死翹翹。聽到死翹翹，班上的同學開始害怕起來，和湯姆碰面的時候，以為遇到鬼一樣，閃到一邊去。

「湯姆！你病得太嚴重了，應該在家裡休養的，老師幫你請長假，直到你身體康復，再回來上課。」

離開學校，待在家裡，好無聊哦！但是生病又不能到處去玩，媽媽下田去工作了。

走到外面，二伯母又要出去串門子了。

曬曬太陽，真溫暖。

清晨的街道靜悄悄的，人們忙著去幹活，小朋友都待在學校上課，只有老阿公和老阿嬤帶著幼小的孫子在庭院裡玩。

老阿嬤手拿著針線，在縫衣物，坐在板凳上或竹椅子上，腳趾頭夾著一條線，一拉一出，綁在一塊大布上，竹竿上綁著這塊大布做成的搖籠。搖籠的裡面，睡著他們家的幼孫。

幾位牙牙學語的幼童，嘴巴上吸著奶嘴，歪歪斜斜地大踏步，有時候會有一、兩位比較頑皮的，看到湯姆，遠遠地跑過來，要找湯姆一起玩，一把被他爺爺奶奶抱回去了。

湯姆看著老人家活到這把年紀了，還要照顧他們自己七、八個兒子生的小孩，叔公的年紀應該跟他們差不多，但是叔公每天仍然會拿著拐杖到村子裡，四處串門子，一頭白髮，配上老態的身軀，看他每走一步路，好像都很艱辛地邁出下一步。

每走一步都這麼地辛苦，但村頭村尾還是可以看到他的身影呢！

米仔麩糕

　　太陽升到中間了，快中午了，這時候穿這些衣服最難受，穿著太熱，脫下來又太冷。

　　每到秋冬，轉換的季節，最難受了，早晚冷熱溫差大。

　　每天躺在床上或太陽底下曬曬太陽，日子真難過，還是身體健康的時候，比較好，想到哪裡，就到哪裡。

　　「湯姆！湯姆！」

　　「噢！老師！」

　　「湯姆！老師帶我們來看你。」

　　「身體有沒有比較好？」

　　「謝謝老師！身上的疹子已經乾掉了，也比較不怕冷了，現在衣服可以越穿越少件，吃東西也比較有胃口呢！

　　老師！這是我們家種的甘蔗，每一年收成，我爸都會載一大把回來吃。」

「不用！不用！湯姆！老師來看看你就好。身體要趕快好起來，老師等你來上課呢！」

大武山下

大鐵馬

病了兩個多月，身體好不容易恢復健康，精神來了。

湯姆開始計畫要學騎他爸爸那台大鐵腳踏車。

一腳跨過腳踏車前桿龍骨下，左手握著把手，右手抱在坐墊上，一腳著地，撐撐撐著！扶住腳踏車把手，穩住了，把手扶正了，腳踏車重心弄穩了，另外一腳快速地縮起來，踩在腳踏板上。

哇！哇！

車頭歪斜一邊，腳踏車的重量往另一邊傾斜。

嘭！倒下來了。

整輛腳踏車傾斜倒在一邊了，還好沒有受傷，想辦法把腳踏車扶正。

街上沒人，沒有一個人可以幫忙，只好靠自己慢慢地把大鐵腳踏車扶起來。

從另外一邊把腳踏車扶正，好不容易快要扶正了，又往另一邊倒下來了，一下子倒左邊，一下子倒右邊，倒了幾次之後，終於有經驗，可以把車身扶正，及車頭穩住。

車頭的把手扶正時，一面用手剎車，剎住讓前輪不會向前跑，慢慢地車身穩住了，一腳再重新跨過龍骨的下面，另外一腳一樣撐著地，頭看前面，左手握著把手，右手靠住坐墊，臉看不到前面的路，只好趴在坐墊上，腳一直撐著地。

跑一陣之後，車穩住了，左腳收起來，準備踩在腳踏板上，一腳踩空，整個胯下撞到鐵骨架，痛死了，還好重要的部位沒撞著，只撞到胯下的骨頭，差一點就成功了。

再來一次，扶正腳踏車，右腳跨過龍骨中心下，左腳撐著地，把手握著，抬頭看著正前方，撐撐撐著地。

哇！車子可以正正地跑動了。

米仔麩糕

　　左腳先收起來，不急著踩踏腳踏板，讓它滑動一陣，再踩踏板，整個人縮在大鐵腳踏車子上滑動了一陣，正要伸出左腳下去踩踏板時，一個重心不穩，整輛車連人帶大鐵腳踏車，撞進水溝裡了，濺了全身都是水。

　　溼答答的，這下好了，撞到水溝裡，看怎麼拉出來？

　　檢查一下身體。

　　呒！奇怪！竟然沒有受傷，只有手掌有一點點搓傷，紅紅的。

　　還好這一次整個人是疊在腳踏車上，全身壓著車身，腳溼溼的，踏得腳下全是爛泥巴。

　　用全身的力氣拉著後車架，一步一步移動，後輪抬起來了，拉出馬路，跑到車前扶正，慢慢地一步一步拖著退出來。

　　小湯姆又拖又拉的將這輛大鐵車，好不容易拖離水溝，生著氣，喘噓噓地，兩手攤在身後，看著這輛大鐵車，好似一條大牛一樣，躺在水池裡，任誰拿鞭子抽打，牠也懶得爬起來，泡在爛泥裡，享受著泥澡，這時候鞭子藤條是起不了作用的。

　　大牛有時候會不顧牧童的催趕，還會自顧自地，躺在池塘裡，一面揉著龐大的身軀，一面翻滾，有時候想讓背部或其他部位泡到爛泥巴，水牛會翻滾得四腳朝天，然後大眼睛的眼神散發出一種滿足愉悅的神情。

大熱天的時候，水牛要是累了的話，只要稍微休息片刻，抓到機會，就躺下來泡泥澡，這時候牛如果沒有泡過癮的話，想拉牠起來，是不太容易的。

大人為了趕時間耕作，會拿棍子抽打著牛。

有些農人會哄騙牛隻，像哄小孩一樣，等牠們泡完澡，馬上拉著牠們去犁田。

有些農人比較沒有耐性，看牛躺在水裡，正爽著，不肯起來工作，棍子拿起來就打，拼命地抽打。

如果牛隻實在太累的話，老農夫即使使勁地抽打水牛，水牛仍無動於衷，死命地要享受夠了牠的泥巴澡，牠才肯起來工作。

有些農人比較有愛心，會幫水牛沖水，讓牠消暑，水牛怕熱，工作中沒沖水，熱得牛脾氣一來，任誰也奈何不了牛大哥的呢！

湯姆想到這裡，看著大鐵車，心就有戚戚焉。

還好總是拖得動，又拉出來了，拉到馬路中央，扶正，再一次將大鐵腳踏車推著先跑一陣子，然後整個人快速地跳上車，之前失敗的經驗告訴他，不能太快踩腳踏板。

這次推著大鐵車跑一陣子之後，跳上車可以滑行很遠的距離，不會倒下來。

信心大增，繞回來繼續推著大鐵腳踏車，跑跑跑，跑一段距離之後，快速地將右腳跨過骨架，左腳迅速地

米仔麩糕

提上來踩，兩腳一上一下踩著腳踏車，身體一上一下，起起伏伏，左手握著把手，右手扶著坐墊。

哇！成功了，終於騎得動大鐵馬了，真穩！

越騎越快，恨不得馬上騎到外婆家，搞不好見到外婆，還可以得到幾塊錢的獎賞呢！

外婆及大舅公每次看到小湯姆，就塞幾塊錢的零用給他，要是被媽媽看到，錢會被媽媽沒收，然後拿大舅公賞賜的零錢加倍，再小心地塞回去給大舅公家裡的小孩。

湯姆常搞不清楚大人怎麼會玩這種遊戲，彼此之間在小孩子身上，紅包或零用錢塞來塞去的。

拉機歐

　　姐姐一直哭，一直哭，站在媽媽的身邊，哭得唏哩嘩啦的。

　　小湯姆看得出神，問媽媽：「姐姐今天不是要嫁人嗎？」

　　家裡正熱鬧的，吹鼓吹。

　　「姐姐怎麼躲在這裡哭泣呢？」

米仔麩糕

媽媽安慰著姐姐，說嫁過去有空要常回來，不是嫁很遠，才隔壁鄉而已。

客廳的嫁粧一台一台載上牛車，大台的收音機〔拉機歐〕啊！裁縫機、衣櫃、鏡枱，用紅布蓋著，客座椅、大床、牛羊豬各一對，鈴木 80cc 的摩托車，鄰居都說寧願有摩托車，沒有美嬌娘也沒關係。

摩托車是很神氣的嫁粧，姐夫看起來很有面子，兩台牛車裝得滿滿的，一路駛往姐姐的新家。

親家母說〔拉機歐〕，她們比較用不著，和腳踏車一起退回來，真大台的〔拉機歐〕啊！

打開收音機，可以聽到故事從〔拉機歐〕裡面講出來，媽媽喜歡聽歌仔戲及勸世歌，哥哥聽流行音樂、台語歌、台語廣播。

「這裡是鳳凰廣播電台，吳蔭時間。」

吳蔭的聲音很低沈，又有磁性。

聽說他在〔拉機歐〕講故事，一直很吸引人。

每到黃昏，客廳會聚集一堆人來聽廣播故事，像死仔清、王世海，阿西田唱山歌，葉啓田〔內山姑娘要出嫁〕，劉福助、方瑞娥，黃秋田講唱民謠〔勸世歌〕。

有了〔拉機歐〕之後，客廳變得很熱鬧。

過一陣子，又沒人理會這台大東西，後來才知道很多人下田工作，斗笠上會夾帶小型的收音機。

每位老農人每天下田工作，唯一的娛樂就是聽聽收音機傳送出來的知識訊息。

聽故事和台語流行歌曲，就變成大街小巷每一位大人小孩聽說故事，學習唱歌來抒發心中的情懷了。

劉福助唱〔安童歌〕，賣菜義及矮仔、大胖玲玲、大厝斗、康丁，這些藝人每次有新的電影、電視節目或歌曲出來，都會造成轟動。

西瓜園

「湯姆！湯姆！明天帶你去西瓜園，你要不要去？」

「好呀！」

哇！一大片的大西瓜園，大姐夫擔著水桶，沿路灑水。

「小舅舅！這裡有成熟的大西瓜，摘來吃。」

「哦！好重哦！抱不動呢！」

「我們來練鐵砂掌，看誰有辦法把大西瓜劈開來。」

「手好痛哦！」

「怎麼劈也劈不開，拿石頭磕比較好。」

「走開喔！會噴到。」

小琳搬一塊扁石頭拿在手上，劈半天還是劈不開。

小成拿著刀子過來，一刀一刀慢慢地切開來。

「哇！好紅喔！」

「趕快！趕快！汁液流出來了。」

吃一塊大西瓜，全身滴得溼答答的。

「你看！」

小琳整粒頭都栽進西瓜裡了，抬頭整張臉和衣服全是西瓜汁。

「好好玩哦！」

「舅舅！那邊還有小玉，我們去摘，好不好？」

「嗯！這裡有一粒，這粒更大粒。」

「這個可以用手掌劈劈看！」

還是劈不開，拿石頭磕。

「磕開了，磕開了。」

「哇！黃澄澄的。」

肉汁很甜，鬆鬆甜甜的，吃到肚子，脹脹的。

有點睏了。

「我們到草寮瞇一下。」

米仔麩糕

「那裡有一棵苦苓樹，我們去樹下眯？」

「好啊！」

「噢！」

阿嬤擔著竹簍拿鐵耙，要去撿蕃薯。

「我們一起去好不好？」

「好呀！」

飛奔地。

「阿嬤！阿嬤！我們跟您去撿蕃薯。」

蕃薯田堆一堆一堆的地瓜，田主人正趕著牛，犁開田壠一坨坨的泥土翻開來，地瓜隨即現身。蚯蚓也一條條被犁出來，在泥土裡鑽來鑽去，有一些曲捲成一團縮在那兒，一動也不動，等著白鷺鷥大鳥來吃它呢！

一串串的，乳白色、黃色、紫色各種地瓜躲在土堆裡，田主人撿成一堆之後，空地上田主人撿過的地方，阿嬤在那兒掘土地，偶爾有一、兩條田主人沒撿到的，被阿嬤掘到。

運氣好一點，可以掘到很大條的地瓜，生長在比較深的泥土裡。

田主人知道撿地瓜的人比較沒有田地栽種，會故意留一些假裝沒撿到，留給後面撿地瓜的人去撿。

「湯姆！湯姆舅舅！你看我撿到一大串呲！」

「小風！那是人家還沒撿過的地方。」

看一看田主人。

笑一笑說：「沒關係！那一串拿回去。」

小風高興地跑過來，丟到阿嬤的竹簍裡。

阿嬤手正擦著額頭的汗水，看到小琳、小風拿一大堆地瓜走過來，高興地蹲下來。

「乖孫！你們好厲害哦！一個下午幫阿嬤撿得滿滿的，我怎麼挑得動？」

湯姆跑過來說：「親家母！利德他爸爸叫我來搬我們撿的地瓜，他要用牛車幫我們載回去，叫您不用挑啦！」

「那怎麼好意思呢！」

「大姐夫！大姐夫！」

「哇！西瓜！」

「小湯姆拿刀子來，切幾粒西瓜請他們吃。」

「利德！我姐夫帶很多粒大西瓜來了，有幾粒要請你們家人吃的哦！」

「抱去給他們。」

「湯姆！你怎麼拿這麼多西瓜來啊？」

「沒關係啦！我姐夫那兒種很多呀！」

「哦！是那塊溪埔地種的西瓜，還有小玉啊！那是很辛苦，一擔一擔挑水去澆水，種出來的呢！溪埔地種的都是你姐夫的嗎？」

「對呀！前面那一大片的溪埔地，全是我姐夫種

米仔麩糕

的。利德！你是我的好朋友，你們家的地瓜田在收成，我們來撿地瓜，也撿得滿滿的兩大擔呢！小成跑回去叫姐夫來挑擔子回去，跟姐夫說，你們故意漏撿地瓜，讓我們撿得滿滿的，大豐收。姐夫可能想要回報你們，也挑了西瓜來請你們家人吃呢！」

「來！來！坐下來吃！」

到牛車上拿來，一粒一粒剖開來。

「這一半拿給你爸爸吃。」

牛氣喘噓噓地拉著犁頭，趁主人停下來吃西瓜時，甩甩頭，也想休息，放掉牛頭套的軛，一步一步走到茂盛的草堆去啃牠的鮮草大餐。

烏秋和白鷺鷥在牛背上爭奪地盤，烏秋很兇悍地拍拍翅膀，一面飛，一面叫，嘎啾嘎啾！飛到樹梢，又蹦又跳地，一下子又飛快地栽下去，做勢撞白鷺鷥鳥似的。

白鷺鷥展開大翅膀，傻傻地，被嚇走了。

烏秋一副得意洋洋的模樣，無視於他們這一大票人在那兒看牠伸展威力。

「湯姆舅舅！你們明天還要來西瓜園嗎？」

「好啊！」

「我爸爸明天要帶一大群的小朋友坐三輪車，到高樹鄉的溪埔地去裝沙子，一袋二毛錢。」

「高樹鄉在那裡啊？我還沒去過呢！」

好興奮哦！期待明天趕快來臨。

裝沙子

一車子的小朋友跳下車，遠遠地跑過來，看驢子。

「長得像小馬吔！」

「怎麼這麼小，牠身上的毛還是鐵灰色的呢！」

「好奇怪的動物哦！」

「這麼小，牠拉得動牛車嗎？」

「噢吔！」

「小朋友快過來，快過來這裡。」

「今天先把小沙袋裝好了，再來看驢子，黃昏之前，裝滿五百個的先發十塊錢，另外加騎驢子遊溪底。回到家，另外有香噴噴的米香獎賞，趕快過來哦！」

一票人蜂擁而至，坐在沙堆上拼命地挖細沙，裝入小塑膠袋裡。

姐夫和他的合夥人挖一堆堆天然肥料放在各沙堆中。

「小朋友裝沙袋的時候，要記得先裝一半，中間放一塊肥料，再把沙子填滿，堆放在各人的腳邊，三位、五位或更多的人一起合作，也沒關係。

先裝滿一百袋的，馬上發三塊錢現金哦！二百袋六塊，三百袋十塊，和先發十塊錢的五百袋比起來少二百袋，又多賺六塊錢，又可以騎驢子遊溪床。趕快！趕快哦！」

二、三十位小朋友爭先恐後地，各找三、五位好朋友圍在一起裝沙袋，裝好後，大人再把西瓜子放進裡面，然後灑水，等西瓜苗長出來，再移植到溪床去栽種。

一大片的溪床開墾得井然有序，遠遠看像一條條大馬路一樣，並排著，中間挖一條走道，走道上，可以排水，沿路灑水，澆西瓜種子。

西瓜都要種在沙石地，沙石地地勢高，沒有水溝可以灌溉。

大姐夫和姐姐種西瓜，種得很辛苦，挑水灌溉西瓜

米仔麩糕

及小玉西瓜。

大太陽火熱熱的，曬得小朋友個個昏頭轉向。

湯姆老是跑到菅芒草下躲大太陽。

姐夫和合夥人挑完水回來，看小朋友裝沙子的進度時，大半小朋友不是跑去玩，就是坐在那兒發呆，大部分一面玩，一面裝沙子。

有些團隊裝一下午，數一數，快達到一百袋時，興奮地拼命裝，等裝滿了一百袋，領到現金了，姐夫會說，「繼續努力喔！要不然被別組追過兩百袋，獎金會領得比人家少哦！」

小朋友聽了之後，很踴躍地又開始拼命地裝沙子。

「來！來！來！小朋友每一位都可以吃到愛玉冰，還有仙草冰。」

跑遠的小朋友聽到有東西吃，飛奔地跑回原位，乖乖地坐下來，努力裝沙子，有些直接跑到三輪車下等。

大人交待：「要坐在原位，才可以分配到哦！」

又回去原座位坐下來，一面裝沙子，一面等著吃仙草冰。

「湯姆這一組裝了多少個了呢？」

「阿叔！我們還沒數吔！」

「哦！我來幫你們數數看！」

「哇！好厲害！裝了兩百多個了吔！」

「可是慶良他們那組更快，已經快達到三百個了。」

「那要趕快裝，就可以追得上了。來！先吃幾碗仙草愛玉冰再說。下午吃完便當，不要跑太遠，要不然回家的時候，找不到人，就得留在這裡，和野獸一起過夜了。」

日頭真的很熱。

越到下午，時間過得越慢，小朋友急得想趕快回家。

姐夫和其他大人又帶來米香，還有三色米糊甜點來慰勞小朋友，一面哄，一面安慰著。

「就快好了！下午三點過後，日頭就比較沒有那麼熱了，再裝一個多鐘頭就可以回家了。」

小朋友吃了香噴噴的米香，還有好吃的三色米糊甜點，都很滿足的，精神又飽滿起來了，又蹲又坐的，賣力地裝沙袋了。

黃昏的夕陽從溪床落下，傍晚的風吹在沙堆上，真的很舒服。

「這是驢子！」

真的出現了第一名的成員。

一次坐兩位小朋友在驢背上，風風光光地走到溪床的遠方去遊玩。

大人牽著驢子，一面走，一面唱山歌，消失在小朋友的視線內，又從另外一面的長草叢林間走出來。

一群在原地聊天，或探索這個陌生地的小孩，好奇

米仔麩糕

地東看西看這裡的大武山，還有牛犁山（霧頭山）。

「看起來和我們從繁昌村看到的不一樣吔！」

「對啊！從這裡看到的大武山比較尖。」

有些說比較扁平，有人說像一塊大石頭突到天頂一樣。

「牛犁山好像少掉一半了。」

「真的呢！牛犁山看起來好像比較矮了。」

「好了！好了！小朋友坐上車要回家了。」

嘩！鬧哄哄地，又爬又抓地，爭先恐後爬上三輪車。

姐夫點了個人或各組的沙袋，交代每一位或各組，回家後會馬上發錢。

「明天要繼續來的，舉手！要登記名字組別。」

一車子的小朋友，有的要，有的猶豫不決，有的問明天還有好吃的米香、三色米糊嗎？

「有啊！」

「哇！我要來！」

「我也要來！」

全車子的小朋友統統要來，不想來的，想到米台目、仙草愛玉冰、米香、三色米糊，口水直流，不考慮大太陽了。

「我也要來！」

「我也要！」

「統統要嗎？」

「好！那明天一樣，一大早到湯姆家集合。」

「哇！好棒哦！」

「吧！要回家了。」

「坐好喔！」

啵！啵！啵！

三輪車跑在溪床裡，鑽來鑽去的，每開過一個地方，後面跟著揚起了一大卷風飛沙，好像走在沙漠上一樣。

不曉得沙漠是什麼樣子？

但做完一天的童工，每個小朋友好像都很有成就感似的，這種經驗既好玩又刺激，對小朋友來說，能夠到離家一天的行程，已經是天大的冒險又新鮮的事了。

回到家。

「好棒哦！」

「哇！媽媽！好累哦！腳好酸，背部好痛哦！」

「才一天而已，就在叫痛了。」

媽媽不捨，就問：「明天還要去嗎？」

「哦！」

頓住了。

剛剛滿車裡的小朋友才呼天歡地的答應，回到家之後，卻不知道怎麼搞的，完全提不起興趣了。

「哥哥！你不知道我們一直坐在大太陽底下裝沙

子，完全沒有遮蔽物呢！哪像你在我們的田裡工作，有樹蔭可以休息。不相信你去做一天看看？」

「小湯姆！今天很像大人呢！」

「媽媽！您不知道啦！我們很多人剛開始都很喜歡去姐夫的西瓜園裝沙子，起先一面裝，一面玩，都還很高興，但過了十點以後，太陽又大又熱，肚子又咕咕地叫，好餓哦！這時候很多人都裝不了沙子，跑的跑，躺的躺，有些人跑去躺在草叢下，或三輪車下。

大姐夫和大姐他們挑著仙草愛玉冰來給我們吃時，躺在陰涼處的小朋友，一個個跑出來了，每個人吃得好開心。姐夫又公布第一名，發給獎金之後，我們又興奮地，馬上賣命地繼續裝沙子哦！好累呢！我寧願趕我們家的牛去吃草，也不願坐在大太陽底下裝沙子。」

「湯姆！湯姆！」

「哦！姐夫來了！」

「這是你的工資六塊半。」

「哇！這麼多哦！」

「明天記得要繼續來哦！」

「好！」

媽媽和姐姐笑出來，湯姆拿到錢，精神又來了，跑到其他小朋友的家裡去看看誰賺得多。

「姐夫！姐夫！你要到誰家發工資呢？」

「哦！小湯姆呀！我統統把工資交給裕祐去發放了。明天有一組要帶到加蚋埔的鳳梨園去種鳳梨及除草，還有賽加村附近也有新種的幼鳳梨種苗要栽種，你要不要去啊？」

「那高樹溪底那邊的西瓜園怎麼辦呢？」

「我會交代他們帶今天這些小朋友繼續去裝沙子。」

「那小成、小琳、小慶、小風可以和我一起去鳳梨園嗎？」

「可以啊！我叫他們和你一起去。」
「哇！真好！可以到三地門了。」

不治之症

騎驢子

「湯姆舅舅！湯姆舅舅！」

「吡！小風！你怎麼這麼早就來了？」

大姐在外面和阿嬤聊天。

跑出來看看。

大姐頭上戴著斗笠，斗笠上綁條花色絲絹。

「小湯姆！今天要和姐姐去涼山嗎？」

米仔麩糕

「姐夫昨天對我說，要到賽加村或是加蚋埔的呢！」

「沒關係！今天這三個地方會輪流去看看，鳳梨園需要多少人力來種鳳梨幼苗，只是先去看看而已，還沒要工作呢！」

「喔！」

坐上三輪車。

「噢！這台比較小台，和昨天的不一樣。」

「昨天那一台在前面啊！你看他們不是正要上車去高樹鄉的溪床裝沙子嗎？」

啵！啵！啵！

「他們要出發了。」

「走吧！我們坐這台小三輪車去鳳梨園。」

到了高橋愛寮村。

「這個村子也叫西瓜園村，過了西瓜園村，就可以看到隘寮溪。」

「哇！好大的堤防哦！」

「這條溪就是流到我們昨天裝沙子的那條隘寮溪呢！」

這是上游，它的源頭是從北大武山，標高三千零九十公尺，及霧頭山二千七百三十五公尺，雨山一千七百二十七公尺，茶埔岩山二千三百五十九公尺，松山二千零五十一公尺，蓬萊山一千八百三十五公尺，翻過這些山嶺，要四到五天，或一個星期以上，才有辦法到達台東知本，或走另一條路線，到達太麻里。

啵！啵！啵！

三輪車搖搖晃晃的。

小風、小琳、小成縮著身子，小慶捉住小舅舅的身子。

「不要撞到鐵板！」

「不會啊！我們不會撞到的。」

「媽媽！您可以再講嗎？講剛剛您說深山裡的事。」

「坐好！要過三地門大橋了。」

「這條橋我以前走過呢！大姐！大姐！這橋以前不是現在這個樣子。對不對？以前您帶我來玩的時候，它是吊橋啊！走在上面搖搖擺擺的，好恐怖哦！現在怎麼變成水泥橋了？」

「看！原住民身上扛著一頭山豬，捉了好幾隻山雞，扛在肩膀上呢！」

「下來看看，順便在這裡吃一點早餐。」

「小成！你來看！這家店裡籠子關了好幾條百步蛇，還有眼鏡蛇，黑灰白線節（雨傘節），捉這麼多蛇，好恐怖哦！」

「百步蛇很毒哦！原住民要捉牠很容易，聽說牠一

米仔麩糕

直和一種樹生活在一起，只要看到這種樹，樹下就會住一條百步蛇，百步蛇不像其他蛇類，神經兮兮的，看到人就飛快地跑掉，百步蛇的毒性很強，足以保護牠自己，所以在山區看到牠時，牠也會像老鷹一樣，有王者的風範，慢慢地在牠的地盤走動巡視。

所以原住民要捉牠很容易呢！這種蛇是原住民的祖先崇拜的圖騰，原住民常常為了賺取一些金錢，竟然將這種保護他們祖靈的百步蛇，捉去賣給平地商人。百步蛇是我們台灣島內毒性最強的一種毒蛇，被牠咬到，一百步之內就會毒發身亡。」

「唉喲！」

閃到一邊，看了好可怕哦！

「走！走！我們去吃早點，不要再看了。」

「好恐怖哦！」

「繞過了這座山，就可以看到半山腰，有一座大廟。」

「以前爬上去過呢！」

「從廟前可以看到我們繁昌村，天氣好，爬上三地門平台，還可以看到高雄的壽山喔！」

「姐姐！妳怎麼知道這麼多山的名字呢？」

「因為你姐夫為了工作，常常上山到處找機會開墾啊！有時候和加蚋埔或三地門及涼山的朋友，深入內山去探險呢！他們進入深山裡，會和當地的原住民朋友一起去，像霧台、去怒社、阿禮（霞選爾社）。

魯凱族聚居地的前山是排灣族，當地原住民會帶他們進入這些地區打獵，沿途路經這些山區，所以每翻越一座山，就知道下個山頭是松山、雨山、霧頭山、大武山，翻過一山又一山，最遠到達台東的知本或往另一條路線到太麻里。

深山裡，野獸很多呢！羌、鹿，還有野熊、野豬、蛇、台灣獼猴。」

「有老虎嗎？」

開三輪車的阿海聽得笑出來。

姐姐轉頭說：「到了。」

先下車。

「哇！空氣好新鮮哦！好像有新鮮的草味呢！」

山區內的樹林飄出來的芬多精，聞著山風讓人精神感到非常的舒暢，遠遠的山谷裡，有一層一層朦朧的薄霧，從深山裡，慢慢飄出來。

「這片鳳梨園好大哦！」

「咦！那頭驢子怎麼跑到這裡來了？」

「這是阿雄他們家養的，今天載運鳳梨苗到這裡，要用驢子拉車載運到田裡，改天我們再雇工來栽種。」

「湯姆！你要不要騎驢子？」

米仔麩糕

「可以嗎？」

「可以啊！我抱你坐上去。好了！」

「噢！奇怪！怎麼不走路？」

「嗷！」

「不是這樣趕的，你那是趕牛的叫聲，騎驢子和叫牛走路的叫聲不一樣，要拿棍子打一下，然後叫一聲，噓！吁！吁！喔！喔！兩腳夾在牠的肚子上坐穩。」

「咦！奇怪！還不走吔！」

全都笑出來了。

「舅舅不會騎，換我來！」

「坐好哦！」

「噓！吁！喔！喔！哦！哦！怎麼會這樣子？我打了好幾下了。」

牠還是站立，不動如山。

「打大力一點看看！」

「噢！還是不動！怎麼會這樣？」

「這頭驢子有沒有問題啊？」

阿雄和姐姐、姐夫、阿海，還有幾位原住民同時笑出來。

「小朋友！哪有那麼容易就騎得動牠呀！」

「如果隨便都可以騎得動牠，那牠的名字就不叫驢子了。你們沒聽人家說過這麼一句話嗎？罵一個人很固執頑劣的時候，就說你這個人很驢呢！」

「你們有沒有看過驢子使起性子來的時候，任誰也拿牠沒辦法，打死牠，牠也不肯聽你的話，有些驢子看到陌生人，想要接近牠，牠還會咬人呢！這就是驢子的個性。驢子和狗有一點同性質，就是很忠心地對待主人，不是主人想騎動牠，那得靠運氣，看牠高不高興。一般沒有我這個主人下命令，牠是不會讓人家騎得動的。」

「真的嗎？」

「嗯！不相信，我讓小慶騎上去看看！小慶坐穩喔！小心拉著韁繩，握住拳頭，四個指頭抓著，姆指壓著繩子，抓緊，然後，坐穩，抬頭挺胸，看前面的路哦！雙腳夾緊。吁吁！」

走起來了，真的走起來了。

「小慶坐穩！坐穩！別怕！」

「不要！不要！我不敢！我不敢坐，會摔下來。抱我下來，我不敢坐啦！」

「哈哈哈！好可愛哦！怎麼這麼膽小？」

「阿雄叔叔！我要坐。」

「哦！小湯姆！你又想坐坐看嗎？」

「好！」

把小慶抱下來，換湯姆坐上去。

「坐好哦！」

米仔麩糕

「嗯！」

「坐穩了嗎？」

「坐穩了！」

「吽哦！」

走起來了。

「喔！湯姆學得很快嘛！」

「這比騎我們家的牛還要好騎呢！我們家的牛肚子比這頭驢子還要大，我都可以騎在牛背上看顧著牠吃草。」

況且這頭驢子頭上還套著韁繩。

拉著韁繩，握得緊緊的，兩腳夾緊，左手右手，一拉一放，身體放輕鬆，隨著前後擺動。

「好好玩哦！阿雄叔！我可以騎遠一點嗎？」

「小心哦！不要讓牠狂奔起來，萬一讓牠發野了性子，一使起勁來，那可不得了。你還是拉回頭，在我們周圍繞一繞比較好。」

「牠會狂奔哦？」

「會喔！跑起來快得很呢！有時候打牠不高興，使起性子跑起來，連我也都沒辦法。」

「那怎麼辦？」

「等牠停下來，再去找牠了哦！驢子會認路走回家。」

「那不就和我們家養的牛一樣，也會認路走回家。」

「動物就有這個本事，但這頭驢子可不簡單哦！」

「怎麼說呢？」

「牠在我走出家門之前，就知道是我要來找牠了。」

「驢子的房舍離你們家很遠嗎？」

「大概是你們番仔寮的天主堂到繁華國小那樣的距離，三、五公里遠，有吧！

假設天主堂是我家，我從天主堂這裡出發的話，牠在繁華國小那樣的距離，牠在那裡就會一直叫，一直叫，而且會一面叫，一面張嘴咧齒的，點點頭，搖搖頭，全身動個不停，然後猛踩踏前後腳趾，一副很高興的樣子。」

「你在家裡看不到，怎麼知道牠有這樣的動作呢？」

「起先我也不明白啊！是台東的朋友賣給我之後，告訴我的。剛買回家時，牠還小，不曉得是這麼回事，漸漸地，養了二、三年之後，比較有感情了。人和動物一樣相處久了，就會有感情，久了之後，彼此的身體氣味或走路習慣、性子都熟悉了，就知道怎麼和牠相處。

每次我從家裡出門時，我太太在驢舍裡幫牠清理大便，就會發現這頭驢子怎麼會在我要來之前，都特別興奮，而且每次的行為都一樣。

米仔麩糕

　　我不太相信，就告訴我太太，我們兩個約定時間，對照時間看看我是幾點出門時，驢子的反應會怎樣？

　　結果我早上六點出門，牠就六點興奮起來，而且動作都一樣。我下午兩點出門時，牠也一樣有這種反應。我不知道牠這麼厲害，在這麼遠的距離，可以未卜先知我的動作要出門與否。

　　我就和太太商量，從早上四點開始至五點、六點或八點，下午一點、二點、四點、五點，奇怪呢！這樣反覆地試著，還真準呢！有幾次，我一天試幾次，故意不來找牠，我老婆說驢子可能知道我在玩弄牠，牠不反應了。過一段時間，我又來了，牠又恢復正常的反應了，很好玩呢！

　　就這樣，養牠這幾年來，也都摸透了牠的性情，才知道怎麼養驢子。」

　　小湯姆和小成、小慶、小琳、小風聽得津津有味，覺得今天來三地門是對的，希望能多聽聽大人們多講一些深山裡的故事，或大姐夫和他的夥伴朋友們，多講一些他們到處開墾闢荒，種植作物的故事。

　　小湯姆覺得聽大人講這些故事，比在學校上課還要精彩，但小湯姆仍喜歡三年丁班的女老師孟老師，講的故事也很精彩，而且都講一些很遙遠，很遙遠的歐洲或美國、西班牙、埃及、伊朗、美索不達米亞、印度、中國那些地方的歷史故事。

　　聽孟老師講那麼多地方的故事，才知道這個地球有多大，能養活那麼多人類，但是人類會各自在自己的地盤殺來殺去，好像螞蟻一樣，族群不同多會互相爭鬥，甚至滅族，人類是有智慧有靈性的動物，為什麼自古以來人類一直無法和戰爭劃上休止符？

　　孟老師拿著地球儀，一面轉，一面告訴他們，這是哪個國家，這個國家的地方有多大，這些國家在什麼年代發生了哪些重要的歷史事件。例如中國明朝鄭和下西洋，比哥倫布還要早幾百年到過非洲的好望角、澳大利亞洲大陸。後來西洋的探險家哥倫布才會往西半球去，在一四九二年發現了亞美利加洲，世界七大洲之一，美利堅合眾國建立在這一洲上。

　　法國的拿破崙時代，若沒有滑鐵廬，西元一八一五年大敗於此的話，或許當時整個歐洲會被拿破崙完全統治。他曾經有雄心壯志要邁向東方去征服。中國元朝成吉思汗、忽必略時代曾率領軍隊攻打到法國，也滅了南宋西元一二七七年，但不到一百年，在一三六八年被朱元璋所滅。

　　看著地球儀，講述這些故事給湯姆他們聽，她說：「偌大的虛空，一粒神奇的地球，就住在虛空中繞著太陽旋轉，太陽又隨著銀河轉，我們生存的地球，在整個宇宙當中，其實是很渺小的，只是人類看不到更寬廣深

米仔麩糕

遂的宇宙世界，一直活在自我的意識裡，只能看到自己所能看到的世界，便認為這個世界是這樣子，整個人類沒有辦法把自己縮小，去看清楚他自己所處的世界有多大。」

她指著大武山說：「從我們繁華國小看到大武山的距離，大概有一、二十公里，這一、二十公里方圓的土地可養活好幾百人，甚至幾千人、幾萬人，我們所居住的地球整個赤道圓周，也只不過四萬零七十五公里，子午線的全長四萬零八公里。台灣全島繞一圈也只不過一千六百多公里。從我們繁華國小看到大武山遠不遠？」

「很遠！很遠！」

「那你們就知道從這裡到中國有多遠了！中國大陸的新疆塔克拉瑪干沙漠一望無際，看不到天邊，站在蒙古大草原看不到地平線呢！我們站在三地門的高山，是不是可以看到很遠很遠的高雄？但在其他國家有的是看不到什麼叫地平線的哦！」

湯姆真的很想懂一些事，覺得懂得越多，越聰明。看阿雄講他們家的驢子，和老師講故事一樣精采，希望長大以後，可以到其他地方去遊歷。

湯姆騎完了。

到涼山

「等一下我們還要去涼山那邊哦！」

「離這裡很遠嗎？」

「就是剛剛我們從三地門那座橋過來那裡，在瑪家鄉那邊，還要再過去幾公里遠。」

「喔！小成！我們改天再來找阿雄叔騎驢子，好不好？」

米仔麩糕

姐夫和姐姐、阿海、阿雄叔同時笑出來。

「原住民朋友要和我們一起去嗎？」

「要啊！」

坐上車，原住民朋友的身上老是帶把刀，額頭上綁一條棉布繩子，後面背著一個籃子。

「他們背東西的方法，和我們不一樣呢！你看！他們走路，頭上頂著籃子或其他東西，要不然就像我們車上這兩位原住民一樣，籃子背在後面，綁一條繩子，套在額頭上。」

啵！啵！啵！

沿路看到好幾位原住民走來走去的，他們的籃子裡放滿了山芋頭，小小粒的，圓圓的，這種芋頭很好吃哦！

「我吃過曬乾的呢！原住民會把芋頭曬乾，放著慢慢吃。」

小湯姆轉頭看著車上的原住民，彼此咧嘴笑一笑。

原住民的眼睛睜得大大的，一臉奇怪的表情看著湯姆笑。湯姆對他們做個鬼臉，他們還是那副樣子。

「阿海！他們怎麼都不講話？」

「小湯姆！我們講的話，他們聽不懂啦！」

「那你聽得懂嗎？」

「有幾句話啦！聽不懂的，再問他們頭目或部落裡的好朋友就可以了。他們來做工，不會和我們嘰哩咕嚕地講話，不過他們倒是會彼此互相嘰哩咕嚕地講個不停，有時候和他們去深山打獵，在山裡起營火的時候，聽不懂他們嘰哩咕嚕著什麼，說實在的，還有那麼一點毛毛的呢！」

湯姆和姐姐、小成、小慶、小琳、小風笑，笑得合不攏嘴，原住民朋友兩眼發楞著，此時此刻，反而看到他們驚恐的眼神，兩位原住民朋友彼此對望，嘰哩咕嚕地，不知道說什麼。

阿雄告訴他們，說：「小湯姆長大要和你們一起去深山打獵。」

他們才打破疑慮的心思，轉為笑容，兩個人同時對湯姆表示讚賞，很勇敢。

笑一笑，笑出來。

涼山到了。

「哇！這裡更漂亮。」

一排的樹林，長得好高大，兩邊空曠的土地，深入山裡，看到遠遠的山巒，層層疊疊，一山又一山，好像湯姆夢境中的情境一樣，只是這裡沒有一條大滿水位的河流。

問姐夫：「可以跑到很遠很遠的盡頭去看看嗎？」
「可以！」

一路探索著，一路上發現更多野兔老鼠的足跡，飛

米仔麩糕

鳥滿林子，從裡面驚嚇得飛鑽出來。

小琳拿石頭丟樹上的鳥，小風也學著丟石頭，小鳥從樹林裡飛出來，好像在笑這些小孩無知的歡顏。

「小湯姆舅舅！你跑得太快了啦！等我們一下好不好？」

鳳梨園的田壟犁成一條一條很粗大的，像一條條長龍一樣，伏臥在大地上，上面鋪滿大小不同的石頭。

「撿到一粒很漂亮的石頭了。」

「小成！讓我看看！」

上面有白色線的波浪，好像一座山一樣。

「我們再來撿撿看！能不能找到更新奇的石頭？」

低著頭，猛看地上，一路尋找著山野奇石。

看著看著。

「湯姆舅舅！你腳下踩到一塊紅色石頭，要不要搬開來看看？」

拿起來看一下子。

「哇！是一塊破紅磚頭啦！不好玩。」

滿山遍野都是石頭。

「找得好累哦！不玩了。」

「那我們爬進森林裡面，尋找野豬。」

從這裡進去，樹木一棵一棵高大無比，下面一定有很多動物。

「小琳！小風！你們兩個不要進來。小成！小慶！我們爬上山上，看能不能找到山老鼠或是野兔？」

哭哭哭！小風站在外面一直哭。

那怎麼辦？

「要帶他們進山裡嗎？」

「他們太小了，在森林裡，鑽來鑽去的，萬一鑽不出來，怎麼辦？」

「小風！不要哭，哥哥帶你到別的地方探險。」

小琳傻傻地瞪大眼睛，跟著一起走。

遠遠地，姐夫、姐姐還有阿雄叔一直在招手，大聲地呼喊。

「聽不到他們在叫什麼呢？」

「湯姆舅舅！我們還要繼續去爬山嗎？」

「不要！還是走回去吧！」

「喔！」

「真的太遠了。」

這一大片的土地，一定有很多動物可以捉，老鼠還有兔子最多了。

野豬嚎

　　姐夫常常從西瓜園，還有鳳梨田裡，捉野兔回來。不過，姐夫是利用晚上和阿雄叔，還有原住民朋友一起來狩獵的。

　　捉野兔和捉野豬不比捉老鼠那麼容易呢！他們要整晚整夜地巡視路線，萬一有野豬中陷阱了，要趕快把獸夾弄起來，否則野豬的力量很大，當牠們進入陷阱的時候，時間拖太久，會被牠們掙扎地跑掉。

姐夫說，有一次野豬帶著獸夾，從陷阱裡掙脫出來，滾到鳳梨園裡，那天他們晚上沒有去巡視，早上看到時，嚇一大跳。整片鳳梨園被野豬連滾帶翻地，把一大片鳳梨園碾成平地，可以收成的鳳梨，被踩踏蹂躪地，頓時成一片狼藉的模樣，真是心痛呢！

姐夫看過那次的景象之後，內心產生很大的震憾。

為了獵取一頭野豬，看牠受到這麼痛苦的折磨，一頭豬尚且為了生存，折騰了一夜，仍不得脫身，還受盡苦痛，可以想見那一夜，一定嚎叫震撼天地，淒厲之聲，不絕於耳。

又說，看了那一次之後，發誓不再殺生，寧願做個守本份種蔬果的農夫。而且後來有農藥商來推銷農藥，姐夫一概堅持不噴灑，要用最原始的自然堆肥栽種法來種植蔬果。

阿雄叔也說太殘忍了，以後不敢再和原住民進入深山打獵了。

姐姐說姐夫堅持用原始的堆肥種植蔬果，味道甜美又營養。

土地本來就像人一樣，也要休養生息的，不能一昧地噴灑毒藥在泥土裡。整片泥土如果全是吸收毒藥之後，種出來的東西也是毒物呀！要吃毒藥幹嘛透過農作物來吃，乾脆直接喝不是比較快，何必等著農作物收成

米仔麩糕

再來吃，那只是慢慢地減低中毒的速度而已嘛！

阿雄叔聽姐夫講這些話的時候，大不以為然。

他說現在不比以前，不用農藥，害蟲一堆，農作物會被吃光光的，還有土壤裡，也有很多病蟲害，這是他們沒有辦法用人力消除的。

「阿雄啊！跟你講這些，就得花費時間，還有腦袋，才有辦法讓你明白的。我們是種鳳梨、西瓜、木瓜這類的果實，不比我老丈人只是單純的春耕夏耘，秋收冬藏，種一些幾千年來的稻種穀物，或許他們不用腦袋去研究蔬果怎麼栽種改良，但我們既然吃了這一行，就得用心來研究，不能像以前的老前輩一樣，盲目地亂種植一通。

我們台灣的西瓜、鳳梨、木瓜品種一再地有人在研究品種改良，我們做這個行業關係到社會大眾的健康甚巨，還有以後我們對這塊土地也要負很大的責任，不能因為眼前的短利，就拼命地使用化學肥料或噴灑毒藥。

我們西瓜田一般是種在溪床上，而且一種植面積都很大，一旦大量使用化學肥料及毒藥之後，大雨沖刷下來，下游的魚蝦貝類死亡，一定很慘重的，即使不死，留在體內的毒素，早晚也會被人類吃到，你想想那和我們殺那隻豬，有什麼差別呢？

現在不好好照顧這些土地，將來恐怕子孫會被這些土地給毒害死的，那是我們噴灑毒藥，害死他們的啊！

　　阿雄啊！你說是不是呢？」

　　傻傻地笑一笑。

　　小湯姆一直點頭。

　　「姐夫！我也覺得是這樣吔！」

　　大姐笑出來。

　　過一些時候，大姐及阿雄的太太都生病了，醫生說是不能救治的癌症，就是絕症，得這種病不得醫治好，只有等死。

　　姐夫搖搖頭，這可能是摘芒果，爬上爬下，還有挑水挑得太勞累了。也許是去承租人家種的芒果園，有些園主有噴灑農藥，芒果收成，為了摘新鮮的果粒來賣，常爬到樹頭頂上鑽來鑽去，多少會吸入一些殘餘的毒素，再加上身體太勞累，負荷不了，抵抗力降低，自然地要生病就容易了。尤其是女人家身體一向比較虛弱，這種病恐怕會越來越多。

　　「湯姆！湯姆！」

　　「姐姐！妳講起話來，怎麼氣若游絲，有氣無力。」

　　「姐姐生病了啊！」

　　坐在走廊上，曬太陽，大姐懶洋洋地，頭髮越掉越少。

　　每天看到大姐一天比一天的虛弱。

米仔麩糕

　　以前大姐喜歡吃玉米，還有芋頭，現在都沒胃口了，家裡死氣沈沈的，連湯姆也感到不對勁。

　　每天下課都和小成去摘草藥來熬給姐姐喝，到底有沒有效用，也不知道？

　　醫生宣布說沒藥醫，只有看奇蹟出現，否則只有看著生命一天天慢慢地消失。

　　小慶、小琳、小風這麼小，還不太清楚媽媽生病有多痛苦。

　　小成才二年級，小湯姆在三年丁班，放學的時候會帶著小成一起去田裡找草藥，希望能救活大姐。

　　小湯姆很喜歡大姐，大姐很孝順爸媽，常常回娘家看顧爸媽。

　　大姐講話，一直很輕聲細語，和人講話也都很誠懇，帶有那麼一點和藹可親，溫柔婉約的感受。

　　「小成！今天找到幾棵了？」

　　「好大一把呢！」

　　「走！我們趕快回去熬藥給大姐喝！」

　　「媽媽！大姐病得很厲害。」

　　「我知道啊！那也是她的命，我們也沒辦法幫忙。」

　　「姐夫說那是大姐吸入太多毒素的關係，我們農田以後不要噴灑毒藥好嗎？」

　　「小湯姆！你怎麼知道這麼多呢？」

　　媽媽正在煩惱著播種的稻子得了什麼熱病，一夜之間像火燒似的，乾掉了一半片，正愁著不知道怎麼辦才好？

　　「聽人家說，最近用什麼農藥可以噴灑？」

　　「不行啦！不行啦！我們稻田如果噴農藥的話，青蛙、蚯蚓會死光光的，還有大肚魚也會死光光。以前您不是說蚯蚓在泥土裡鑽動，鑽來鑽去，可以帶動泥土的活力，讓泥土有更多營養提供給地瓜或其他作物嗎？

　　前陣子，我和姐姐去涼山的鳳梨園，聽姐夫和阿雄叔講話，說以後如果農人大量使用化學肥料，或噴灑毒藥的話，泥土裡會留存大量的毒藥，那以後我們種出來的東西，都會有毒呦！」

　　「你姐夫遊歷四方，交友廣闊，見聞、見識比較多，也比較有研究一些果實方面的知識，媽媽和你爸爸只懂得按照老祖宗的方法，日出而作，日落而息，別人怎麼耕作，我們就跟著怎麼耕耘，哪裡懂得毒藥害物的道理。」

　　「我不管！我不管！我不要爸爸噴毒藥在農田裡，我不要看到青蛙、蚯蚓、大肚魚，一隻一隻地死掉。」

　　「想不到我們家的小湯姆也有這種慈悲心，那跟媽媽一起吃素不殺生好不好？」

　　「不要！我才不要一天到晚吃青菜、蘿蔔、豆腐、醬菜呢！」

米仔麩糕

媽媽把湯姆拉到懷裡，笑呵呵地。

看著遠方，黃昏的天空，在繁昌村裡一直吹著風。

晚秋的涼意，冬夜的寒冷，夏天的和風，春季的溫暖，小湯姆總是迫不及待地想快快長大，到外面闖蕩，希望能夠對這個世界探索著更多不知的未來。

抬頭看看媽媽，媽媽仍像小時候一樣抱著湯姆，哼著：「搖啊搖！惜啊惜！我的阿樂一暝長一尺。」

在媽媽身上總是感覺很溫暖。

希望大姐身體健康起來。

睡著了。

媽媽讓湯姆趴在地瓜葉堆裡睡覺，她去餵豬吃晚餐了。

睡醒，看媽媽一腳踏在餵豬的溝槽上，手不斷揮舞著棍子去趕爭食的豬隻。

大豬欺負小豬，豬隻爭相擁擠著吃食，吃著，吃著，嘴巴吃食的聲音，呼呼喳喳，呼喳個不停。

大豬靠過來爭食，媽媽一棍打下去，大豬痛得吱吱叫，跳開來，跑到後面，隨即又鑽進豬群裡去爭食了。

媽媽一邊餵食，一邊抽打這些豬隻。

「小湯姆！」

「湯姆！你朋友在外頭叫了。」

掉頭，一溜煙的跑出去找同伴玩捉迷藏或玩橡皮圈、玻璃珠子。

「湯姆！不要太晚回家，明天還要去上課呢！」

「喔！知道了。」

小牛生了

孟老師

　　排隊伍上學去，一路走到學校。

　　「老師早！」

　　「同學早！」

　　升旗完，湯姆和肯尼、魯比去幫老師拿考試卷，等一下要發給同學。

　　從前面發下去。

米仔麩糕

「威爾斯考一百分吔！」

「馬克！你考幾分？」

「六十六分！」

「艾莉絲九十九分！夏綠蒂又考一百分了！米琪五十八分，紅色的！法蘭克八十八分，愛德華九十分，湯姆五十八分，魯比九十五分，湯尼七十二分，肯尼八十五分。」

「不要再念了啦！」

「老師來了！老師來了！」

「坐好！」

「起立！老師好！坐下！」

「各位同學！今天發考試卷。」

「報告老師！我們已經發完了。」

「動作怎麼這麼快？」

「湯姆！」

「有！」

「考試不及格的站起來！」

「哇！這麼多位哦！」

「一半以上考不及格，這是怎麼一回事？是不是老師沒有用棍子打你們？各位同學就不認真讀書背功課了呢？」

「湯姆！你以前功課都可以考八、九十分的，怎麼這學期退步這麼多？是不是老師太疼你們，講太多故事讓你們聽，忘了讀書。」

「沒有啊！老師！老師！其實我也想很認真的讀書、寫字，但我上課的時候，腦袋瓜子會一直飄到外面的世界，去想像著很多事情，老師站在課堂上講，我有聽沒有懂吔！」

「湯姆！你聽不懂要發問啊！」

「老師！老師！我想發問，但整本書念下來，我腦袋瓜子一直跟不上，每上完一堂課，我就忘記上一堂課老師所教的內容。我也很努力，要認真看書本的內容，但每看一次，我就更加糊塗，越想看懂，越是看不懂，腦袋瓜子就打結了，乾脆不看了，自由想像，讓頭腦愛怎麼想，就怎麼想，這樣反而比較快樂，而且頭腦也不會打結吔！」

同學笑！

「同學不要笑！湯姆！讀書是要有方法的，不是整天憑空想像，讓思緒像空氣一樣地跑來跑去，這樣是學不到東西的。上課的時候，老師教過的課本，沒辦法當場吸收，那是很正常的。老師以前也是這樣啊！並不是每個人看完書，就可以過目不忘，那才叫會念書，那是少數人有這種過目不忘的本領，大多數同學會念書，是因為在學校聽老師上課之後，利用早自習或晚自習，慢慢背一次、二次或更多次，而且要一面寫功課，一面念

米仔麩糕

出來，一遍念完了，記不得，再念一遍，慢慢地念久了，功課內容就會懂，懂得課本的文章之後，就會啟發你們更想了解課本內容的意思，課本裡的內容，你們讀懂了，要背起來就很容易了。老師以前也是這樣念書的哦！

寫字、背書是一體兩面的，一面寫字，一面背誦，從寫一個字，記一個字，到寫兩個字，記兩個字，三個、四個，最後到寫一段字句，背一段字句，久了，整句文章內容可以看了之後，馬上寫在簿子裡，到以整段文章或整篇文章，甚至整本課本都可以倒背如流，念誦都沒問題呢！

整本書的內容你們都能記得清楚的話，老師出考卷，填寫答案就很簡單了呀！你們現在已經三年級了，要加強這方面的訓練，要不然到四年級或五年級、六年級的時候，就不容易養成讀書寫功課的習慣，知道嗎？」

「知道！謝謝老師！」

「習慣要越早養成越好哦！讀書寫功課就會像我們每天吃飯夾菜一樣簡單。頭腦裡的糧食叫精神食糧，肚子裡的糧食叫營養食糧。肚子吃飽了，才有精神做事，頭腦清楚，才有辦法做功課。

艾莉絲和夏綠蒂從一、二年級就很乖，每次寫作業都很準時交給老師，而且字跡越寫越工整，字寫得工整，就表示很用心。一面寫字，一面背誦功課，進步一定很快速的。」

「老師！老師！我外甥在寫功課的時候，我姐夫都會拿一根棍子站在旁邊，看他寫的字和書本裡的字大小不一樣，就叫他擦掉重寫。每次去他家，看他被打，哭得唏哩嘩啦的，很慘！我就想如果我爸爸也這樣對我，我一定逃家，還好我爸爸不認識字，不會做這樣的要求。」

全班笑！同學笑個不停！

「老師！老師！我們真的很喜歡上您的課，也很努力想考好成績，但我們越想努力，頭腦越笨吔！」

同學又笑起來了。

「同學！沒關係！讀書是一輩子的功課，不是現在讀一讀，就完成學業了，書是知識的來源，古今中外歷史沒有透過書本，我們是不可能知道古人是怎麼生活的？文化是怎麼成型？所以我們要懂得以前的人是怎麼生活？就不會慌張地害怕以後我們要怎麼辦？就像你們考試一樣，讀懂課本內容，要考試就不會慌，人不慌，膽量就有了，有了膽量，拿起考試卷，下筆作答，自然很明白，就可以答對題目，就不會疑惑了。

當你們把功課寫好，課本背懂了，老師發考卷給你們，不但不會害怕，反而會搶著趕快找答案填寫呢！」

同學們聽老師上課，孟老師都會很有耐性地幫同學

米仔麩糕

們適時的解答疑問，同學們上孟老師的課都很開心。

　　孟老師上課的時候，不像其他老師只會拿課本在講台或教室裡走來走去，自顧自地念個不停，然後隨意找同學發問，問到答不對題的，就洋洋得意地處罰同學，又自顧自地念他的課本去了。要不然就坐在講台上，一動也不動，只瞪著兩眼，或扶一扶他們臉上那把老花眼鏡，板著臉孔，隨意叫同學起來念課本給班上的同學聽。

　　湯姆每次被叫起來念課本，都念不順，要不然就是有很多字根本看不懂，念不出來，就被罰站，真的很丟臉呢！每次被罰站，心情都很不舒服，自信心越來越差，越不相信自己可以念好書，內心裡常常會討厭來學校上課，更討厭看到那些老師，偏偏這些老師特愛找這些功課不好，又不會念書的同學起來念課本。

　　孟老師最好了，人長得漂亮，講話又溫柔，她永遠都是這個樣子，脾氣不會變來變去的，和同學講話都會蹲下來他們身邊，眼睛很用心看著同學，聽他們說話。

　　每次和她講話，同學都會圍過來聽她講話，深怕站得太遠，聽不清楚似的。

　　班上也不吵，即使有很多同學講話，吱吱喳喳吵個不停，看到孟老師出現時，全班自然地安靜下來。

　　孟老師上課不帶棍子，也不罵人，遇到同學不會的，也不會發脾氣。每次上完課，同學喜歡圍繞在她身邊，問東問西的，如果不是因為她要嫁到外地的話，他們四年級或五年級的功課一定會進步很多。

「湯姆！這次成績退步很多呢！」

「老師！因為我放學沒有時間寫功課。」

「為什麼呢？」

「我爸會交待我去田裡割草給牛吃，我媽叫我煮飯燒開水，煮飯燒完開水，我又得忙著去找朋友或同學玩玻璃珠子，或捉迷藏了。」

全班同學笑。

孟老師沒有說什麼，走到魯比的身邊，正要開口說話。

史密斯、羅伯特說：「老師！老師！我們班上現在魯比、湯尼、肯尼、湯姆是死忠兼換帖，每天都約在一起上下課。」

喬伊咧嘴笑一笑。

吉姆也想要發言。

「老師！老師！我們一、二年級的時候，功課好的同學，全是女生比較多。伊娃、蘇珊、布蘭妮、裘依、瑞秋、艾莉絲、夏綠蒂、海倫，她們每次考試都滿分呢！」

卡爾、傑克的弟弟妹妹躲在教室外面，探頭探腦的，還有米琪的弟弟也吵著要來找老師。

外面有小朋友在哭。

探出頭，看到走廊上，比爾、湯瑪斯的阿嬤帶他們

米仔麩糕

的弟弟妹妹，靠在牆邊哭著。

「不好意思啦！」

「怎麼這麼多小朋友？」

「報告老師！我們的弟弟妹妹常常吵著要來找老師，希望老師也給他們取個英文名字。從開學到現在一直在吵，我們不讓他們來，就一直哭，一直哭。今天阿嬤帶他們來，一直站在我們教室外面，希望老師下課的時候，可以為他們取英文名字。

上兩節課，我阿嬤都不敢帶他們出現在教室，躲得遠遠的，在左側門口那邊盪秋千呢！第三節課了，他們還是吵著要來找老師。」

「來！來！來！來教室，我看看！」

「哇！五、六位呢！」

「老師！老師！我弟弟妹妹也在外面。」

同學又笑了。

「不要哭！不要哭喔！等一下下課，老師統統幫你們取英文名字。」

「謝謝老師！」

「芭芭拉、潔西卡、羅絲、瓊妮、喬治、史都華也說他們的弟弟妹妹，也吵著要有個和他們一樣的英文名字。」

孟老師叫他們有空的時候，可以帶來學校，幫他們取個好聽的名字。

「老師好好哦！」

「謝謝老師！」

「起立！敬禮！謝謝老師！」

「下課的時候，記得要利用時間多溫習功課，不要一直往福利社跑。」

吉姆看老師走遠了，第一個跑去福利社買糖果吃，湯姆跑到操場，又蹦蹦跳跳地。

同學在教室裡吵翻天了，吱吱喳喳講個不停。

乖乖的同學坐在原地努力地寫作業簿。

生小牛

「湯姆！明天不用上課，要不要趕牛去吃草？」

「好！」

一大早，吃完早餐，湯姆跑到牛舍，趕著牛到空曠的休耕田地，放牛吃草。

「阿吉！阿華！你們也趕牛到這裡放牧哦！」

「前面阿添、小丁已經在那兒了啊！」

「喔！這麼早來。」

牛綁在樹頭吃一陣子草，周圍的草吃光光。

鬆綁繩子，讓牛自由自在地去吃草。

「那是誰家的牛啊？把我的稻子、玉米田吃了一大片。」

捉起來，綁在龍眼樹下。

「看你以後敢不敢再讓牛來吃我的作物。」

「湯姆被大人捉去，綁在龍眼樹頭，那個人還在找我們呢！怎麼辦？萬一被他找到，會不會像湯姆一樣，被綁在龍眼樹？」

「你看！他把我們的牛全部牽去了，這下完了，一定會被爸媽打死。」

「猴死囝仔！看牛不看牛，不把這幾隻牛扣押起來，怎麼和他們理論？好大膽！竟然把我的稻子、玉米農作物，放牛吃了一大片。」

「呼！阿瑞啊！呼！瑞啊！」

「誰在叫？你別叫那麼大聲！看哪裡來的小孩，做的好事，把我的農作物蹧蹋成這樣。」

「哇！還真是被牛吃了一大片。那是誰家的小孩？你怎麼把他綁在樹頭上，小孩子又不懂事，就是不小心放牛吃草，不小心把你家的農作物吃了一大片，你也不應該把人家的小孩活生生地像在綁牲畜一樣，把人家綁

米仔麩糕

在樹頭上啊！」

「那是他應該受處罰的。我哪管那麼多啊！」

「阿瑞！你這樣講就不對！那些小孩才多大年紀，你一個大人用這種方式處罰小孩，未免太過火了吧！我看還是把小孩鬆綁了，留點陰德給子孫吧！」

天忽然間，烏漆麻黑地暗下來，隨即遠方傳來雷聲，轟隆隆地吼響，閃電噼哩啪啦地閃個不停。

「猴死囝仔！這次放了你，以後不准趕牛到這個地方放牧，有沒有聽到？」

雷聲又響起，一陣很大很大的聲響，噼噼啪啪，轟隆隆。

「你把我鬆綁了，那我朋友他們的牛，你也要牽回來還我們啊！」

「死仔哩！你沒看到嗎？那群笨牛就在椰子園那裡啦！自己去找回來。」

氣呼呼地走掉了。

「阿添！阿丁！那個壞人走掉了，快出來啊！」

阿吉、阿華從很遠的竹子園鑽出來看看！

阿丁從番石榴園裡探出頭來，一腳踏出番石榴園，跨過高高的田埂，站在上面，看著那個人兩手放在背後，一跛一跛地走遠了，才敢過來找湯姆。

「阿添呢？」

「跑出去牽他們家的牛了。」

「在哪裡？」

「在那兒！」

天空要下大雨了。

「我們一起把牛拉回來。」

「阿添！阿添！你在幹嘛？」

「把牛吊起來修理一頓，害我差點被捉走。」

「你每次都用這種方法修理你們家的牛，好可憐呢！」

阿添把牛吊在樹枝，拉著繩子，牛鼻子上的銅環把牛頭抬得高高的，看那隻母牛痛苦地無法掙扎，阿添又要死勁地拉繩子，眼前牛頭被拉得仰得高高的，前腳有點要抬上來，好像吊死狗一樣。

「阿添！阿添！不要再拖了，再拖那麼緊，那隻牛會被你整死啦！」

「你看！你們家的牛痛苦得眼睛都掉下了眼淚，你再不把牠放下來，以後我們統統不跟你一起放牛吃草。」

嘩啦啦！

哇！下雨了。

啵啵啵！

這雨勢下得還真大，整片天黑得烏天暗地，好像晚上一樣，才趕牛出來吃一陣子而已。

找地方躲一躲！

米仔麩糕

這裡沒有草寮怎麼躲呢？

阿添把他們家的母牛放下來了。

「那隻母牛好可憐哦！每次都被阿添又打又吊的。」

「湯姆！你看！你看！阿添他們家的母牛屁股下尿尿的洞，跑出一條牛腳。」

「啊！會不會要生了？」

「你看！你看！牠的後腳站得開開的，過去看看！」

「哇！快來哦！快來看哦！」

母牛生小牛了，擠出一半了。

哦！

一下子掉下來，摔在地上，母牛回頭來舔小牛身上的胎衣。

雨一直下，雨滴落在牛身上，小牛搖搖擺擺，一下子而已，馬上站起來，搖搖頭，甩甩尾巴，顛顛倒倒地，踏著不穩的步伐，一下子而已，跑到母牛的身邊撒撒嬌，鑽到牛乳的地方找乳頭吸吮。

「哇！才一下子而已，小牛就生下來了，好新奇哦！」

「湯姆！你有看過牛生小牛嗎？」

「我沒看過母牛生小牛，我只看過母豬生小豬。母豬生小豬是躺著一隻一隻生下來，母豬會嗯嗯叫！嗯一聲，生一隻。有時候要生一天一夜才有辦法生完呢！」

「看母牛生小牛是站著，小牛從那麼高的地方摔下來，也不會受傷。真的好神奇呢！」

「阿添！還好你不是在處罰你們家母牛的時候生下來，要不然小牛生下來，落在那堆的石頭上，穩摔死的，到時候換你爸爸把你吊起來打，那就不好玩了。」

阿添搔搔頭，趕緊把其他牛隻找回來，趕著牛隻回家了。

「湯姆！你下午還要出來嗎？」

「不要！雨下太大了，又有雷公閃電。」

牛趕回家裡綁好，從牛舍跑到灶腳，看有沒有什麼東西可以吃？菜櫃翻一翻，還有一點剩菜，捉一把先吃一吃。

「媽媽！媽媽！您在煮什麼呢？」

「下雨天，我煮一大鍋的火鍋，全家圍著吃，趕快去把溼衣服換一換，等一下一起到餐桌吃火鍋。」

「嗯！」

開〔拉機歐〕聽聽音樂！

「湯姆！湯姆！趕快把〔拉機歐〕關掉。剛剛我們村子裡，有人在家裡聽〔拉機歐〕，被雷擊中，打死在

米仔麩糕

他家的客廳，整個人像被火燒死一樣。下雨天，打雷時，還是不要聽收音機。」

「喔！媽媽！我肚子餓！」

「那趕快來吃火鍋啊！」

「哇！真好吃！」

高麗菜、大白菜、紅蘿蔔、白蘿蔔、丸子、沙茶醬、罐頭、冬粉、雞肉、豬肉片、魚塊炸過的吔！

用豬油炸過，再煮，火鍋燉一大鍋，可以像在吃菜尾一樣，吃好幾天呢！

「湯姆！這不是你最喜歡吃的玉米嗎？」

「媽媽！媽媽！早上我去放牛吃草，看到東裕他兒子趕的母牛生小牛哦！這是我第一次看到的吔！」

「喔！就是那位會把他們家的小孩，用布袋吊起來打的那位東裕啊？」

「是啊！他爸爸會吊著人打，他兒子也會把他們家的牛吊起來打呢！」

「這家子真的是有其父必有其子。」

麻糬伯

雨停了。

「媽媽！我吃飽了。要去看看村子裡被雷公打死的人。」

「湯姆啊！不要去看啦！」

跑出去了，看不到人了。

「這小孩真好奇！」

米仔麩糕

　　村子裡，圍一大堆人，看著被雷公打到的草厝，客廳裡燒成廢墟，人被電死的樣子，捲曲捲曲的，放在客廳。

　　他們家人一直被圍在人群裡哭。

　　看熱鬧的人比關心的人多。

　　武財、慶國、阿良、天賜在大人堆裡，擠來擠去的。

　　「湯姆！你怎麼跑到這裡來？」

　　「我來看雷公打死人啊！」

　　「等一下我們一起玩紙牌，好不好？」

　　「我沒有帶出來吔！」

　　「那你有沒有帶錢？」

　　「我摸摸看！喔！有！一塊七角。」

　　「那我賣你五角，我們找一個走廊去玩紙牌。」

　　「好！」

　　「這是誰家呢？」

　　「米酒標的家！」

　　「喔！就是那位天天喝得醉茫茫，走路顛三倒四那位。他會不會發酒瘋，亂打人啊？我不敢在他家玩牌，我們到國小玩，比較好。」

　　「那離我們這裡太遠了啦！還要走路，剛下雨，到處都有積水。」

「要不然到繁華村的公共會堂，那裡有地方可以讓我們玩紙牌。」

「好！走去看看！」

「哇！門關著！沒地方玩。」

「紙牌還你！五角還我，改天再跟你買。」

「要不然紙牌你先買著，改天我們再一起玩，好不好？」

「不要！我回家裡，紙牌就一堆了。橡皮圈、玻璃珠子、紙牌，我多得很呢！」

「武財！不要勉強湯姆啦！拿錢還給他，改天再玩好了。」

「麻糬！麻糬！」

步伯推著麻糬來了。

「湯姆！拜託啦！先跟我買紙牌，讓我有五角，跟麻糬伯買麻糬來吃，好不好？」

「麻糬伯！跟你買。」

「噢！湯姆！你從繁昌村跑到繁華村來啊！」

「對呀！我跑來看被雷公電死的人。」

嘆一口氣。

「人要怎麼死也不一定！坐在家裡，也會被雷打死。」

「麻糬伯！你天天都推著這台車子，在四村子裡繞

米仔麩糕

著賣嗎？」

「是啊！麻糬伯沒田沒地，只好賣麻糬、土豆糖、三色糊。」

「那今天我要買三色糊，還有嗎？你做的三色糊，好好吃哦！」

上面那一層灰白色，中間深咖啡色，下層淺咖啡色，吃起來軟軟的，又甜又Ｑ。

「湯姆！你今天不玩抽籤？」

「好呀！」

「一次五角。」

「武財！你要用買的，還是玩抽籤？玩一次五角，輸掉了，就沒得吃了。」

「我不玩！」

「那我玩一次。贏了！再請你們！」

步伯手上拿著小鐵罐子，裡面放一把白鐵，像筷子一樣的樣式。

湯姆抽出三根，每根不銹鋼鐵條上刻有一道痕跡，刻痕標示出三痕表示三點，一次抽出三根，加起來的點數多的人就贏了。

湯姆這三根分別是三點、三點、二點。

「哇！贏了！」

「要再對賭嗎？」

「我們這裡有五個人，一塊七角錢，武財拿走五角去買一個來吃，剩下一塊兩角錢。要贏幾次，才可以請慶國、阿良、天賜一起吃呢？」

「湯姆！再贏一次就有得吃了。」

萬一輸掉，那只有流口水了。

慶國、阿良、天賜引頸以盼，期待湯姆這次的抽籤。

哇！又是七點。

換麻糬伯自己抽五點。

哇！湯姆贏了！贏了！總共贏了六個。

「慶國！你想要吃什麼？」

「土豆糖！」

「阿良！你呢？」

「麻糬！」

「天賜？」

「三色糊。」

「還剩三個！步伯！可以先寄著嗎？改天再來吃。」

「好呀！」

湯姆今天運氣真好。

步伯又推著麻糬台子去叫賣他的麻糬了，沿路喊著：「麻糬仔！土豆糖哦！」

「今天不玩紙牌了，改天再到學校玩就好喔！」

「謝謝湯姆！讓你請客！」

米仔麩糕

「沒關係啦！今天運氣也真好，和步伯賭兩把，竟然贏了。」

「湯姆！你去看雷公打死了人，晚上不怕嗎？死人的靈魂會出來找人附身呢！以後不要隨便去看。」

「知道了！」

「今天下午不要出去了。」

「嗯！」

下雨天，找同學玩紙牌或玻璃珠子。

去肯尼家看看！

「肯尼！肯尼！」

跑出來！

「我們來玩紙牌，好不好？」

「那我們到阿木他們家，他爸媽不會禁止我們玩牌的。」

「嗯！走！」

「哇！阿木你們家好熱鬧哦！」

「對啊！我爸說下雨天沒什麼事做，找一些大人在房間裡賭博。」

「另一間是誰在那裡面玩呢？」

「阿東、小豆、那個外省小孩劉小六子，還有他哥、我哥哥的同學，統統擠在裡面玩骰子，另一邊在玩梭哈。」

「我們來玩紙牌，好不好？」

「我們到客廳去。」

「天黑了，要回家了。」

「湯姆！你怎麼搞的？玩到這麼晚才回來。是不是又去玩紙牌了？」

「沒有啊！我去夏綠蒂她家寫功課呢！」

「寫到這麼晚！來吃晚飯。」

「還有火鍋嗎？」

「有啦！自己去添飯。」

拿玉米、高麗菜、竹筍、芋頭一起下去煮一煮，熱一熱。

「現在雨下一次，會一天比一天冷，進入秋冬，就是這樣的天氣。」

「媽媽！不是夏天才會打雷嗎？」

「是啊！現在是壞時局，天在變樣了，天時不好，人心不善，以後我們待人接物要客氣對待人家，才不會遭天譴。」

「媽媽！您講這些道理，是從哪裡學來的呢？」

「聽〔拉機歐〕裡賣藥的在講故事時說的呀！」

躺在媽媽懷裡，撒撒嬌，聽媽媽說話，說到一半，睡著了。

博毓學園出版

五穀豐登莊稼居，

穀倉滿溢木高長，禾苗映田人幸福。

護生復蔬博毓園，

森林綠地自腐朽，生態堆肥循環生。

博毓學園網址：http://tomu18.webnode.tw

吳明博共生農業：http://coco00.webnode.tw

E-mail：869548@gmail.com

吳睿保（吳明博‧穀禾田‧穀莊稼‧穀恬憫）

穀莊稼共生農業森林農園：20140129.blogspot.com

穀禾田屏東的小湯姆：20140214.blogspot.com

穀恬憫歡喜法音流：20140402.blogspot.com

少年兒童讀本－屏東的小湯姆系列七本

①過冬青蛙②水瀑布牆③迎神賽會④米仔麩糕⑤叛逆初期⑥姨丈來訪⑦檳榔說客（電子書、紙本書皆有）

醒世幽默小說－法拍屋風暴系列

①法拍屋風暴②投資客的賺錢術（電子書、紙本書皆有）（尚未出版）③④法拍屋 100 案例上下⑤法拍屋，從二十萬賺進二千萬⑥法拍屋投資客也會套牢

三個十年救地球－共生農業系列

①共生農業森林耕種免費圖文書1～6冊（出版電子書）②共生農業開講1～4冊（出版電子書、紙本書）③居家生態小農園（出版紙本書）

人生哲學－歡喜法音流系列

①生命的體悟（出版電子書）②生死關頭（部落格連載）以上書系將陸續完成，另有新書系創作中，敬請期待！將不定期舉辦法拍屋、共生農業講座；並固定每月第1週週一開放居家生態小農園參觀，請事先預約，歡迎支持共生農業，謝謝！

羅慧茹（和毓・喜鵲）

花茁集：245784.blogspot.com

親子創意書房－國語文教學設計系列

①作文教學②兒童劇教學③讀經教學④書法教學⑤演說教學⑥採編教學

小說創作－

①空白

生命故事書－花茁集系列

①夢裡浮沈②生病也可以幸福③夢中呼喚④幸福之路

以上書系的電子書於谷歌、飽讀電子書店，紙本書於亞馬遜網路書店販售，並持續創作中！

米仔麩糕

屏東的小湯姆四

作　　　者／穀禾田
編　　　輯／羅慧茹
出　版　者／博毓學園吳睿保
高雄市大樹區興田里興田路 50 號
網址：http://tomu18.webnode.tw
電子信箱：869548@gmail.com
2015 年 5 月　初版
ISBN：978-986-91790-5-8